禮貓傳

-周代飲食禮儀-

編者：

香港都會大學人文社會科學院田家炳中華文化中心

繪者：

狄巧兒、許奕敏、蔡欣桐、吳嘉希

（香港都會大學人文社會科學院創意藝術學系動畫及視覺特效榮譽藝術學士課程學生）

指導老師：

李洛旻博士

（香港都會大學人文社會科學院創意藝術學系助理教授）

袁耀萍女士

（香港都會大學人文社會科學院創意藝術學系講師）

學術顧問：

彭林教授

（北京清華大學中國經學研究院院長、首批文科資深教授、中國禮學研究中心主任）

註：繪本部分禮學內容，參考自（北京）清華大學中國禮學研究中心及香港嘉禮堂「《儀禮》復原」項目研究成果為基礎進行繪畫

《禮貓傳》序

香港都會大學（前稱香港公開大學）田家炳中華文化中心（下稱「中心」）結合創意藝術與中華文化，一向以「專業」與「普及」為定位，培育年輕學生，推動各種文化活動。2018 年開始，中心與（北京）清華大學中國經學研究院（下稱「經學院」）合作「中華禮儀動畫化計劃」，由經學院院長、（北京）清華大學文科資深教授彭林教授及其禮學團隊指導，與香港都會大學師生合作將傳統古代禮儀製成動畫，深入淺出地介紹箇中精華。本計劃迄今逾二十位師生參與，先後完成周代典籍《儀禮》中〈士冠禮〉、〈士昏禮〉、〈鄉射禮〉及《日常禮儀・學校篇》及《日常禮儀・辦公室篇》五則動畫，與這本繪本《禮貓傳》同為計劃的成果。成果在海內外放映介紹，大獲好評。五則動畫一併收錄於本繪本後，與繪本內容相輔相成。

本繪本由香港都會大學創意藝術學系動畫及視覺特效課程四位優秀學生狄巧兒、許奕敏、蔡欣桐、吳嘉希設計和繪畫，繪製過程由學系老師李洛旻博士及袁耀萍女士指導，體現了師生合作及同學創意之餘，更展現年

輕一代對傳統文化的傳承和學習，對其日常生活及待人接物，有所裨益。這本繪本得以出版，有賴田家炳基金會的資助，以及秀威出版社的支持，本人在此衷心致謝。同時，希望這本繪本及五則禮儀動畫能開啟大眾認識「禮儀之邦」精神及內蘊的大門，讓中華傳統更深入地扎根於新一代的心中。

梁慕靈博士

香港都會大學人文社會科學院副教授

創意藝術學系系主任

田家炳中華文化中心主任

《禮貓傳》導言

禮是中華文化的核心，是儒家六藝之一。《禮記．禮運》曾説：「飲食、男女，人之大欲存焉。」在中國，飲食不只是生存所必，更成為事親盡孝、朋友相處、鄉黨聯誼、政治外交的重要媒介，產生了相應的禮儀和法式，滲透著生活各個層面。中國人與他人相處生活有其飲食的禮儀，祭祀去世的先人也同樣以飲食的儀式進行，體現了孝道思想，其精神延續至今，成為文化凝聚的樞鈕。今天，我們可以從儒家的《三禮》（即《儀禮》、《周禮》及《禮記》三本禮學典籍）中認識到完整傳統古禮的面貌，當中與飲食禮儀相關的佔其大半。這本《禮貓傳》繪本就是以《三禮》內的飲食禮儀為主，藉著小貓柑仔的故事介紹古禮中重要的儀式、器具及箇中思想。

這本繪本內容包含了多個周代飲食禮儀主題，如展示了貴族士大夫的燕禮（飲酒禮）、食禮（共食禮）及祭祀飲食的場景，按照出土實物繪畫出古代重要食器如鼎、俎、籩、豆及其排列方式，也全面地介紹了古代正式場合的食物種類。本書所介紹的儀節方面，主人為賓客親自設醬之禮彰顯了待客尊賓之道，祭祖時的餕禮（食餘之禮）則體現了侍親進食的孝道及福祚傳承的精神。以上種種，都是中華飲食禮儀的重要組成部分。

繪本收錄了五則禮儀動畫，分別有三則出自《儀禮》的〈士冠禮〉、〈士昏禮〉、〈鄉射禮〉，以及兩則《日常禮儀》動畫。《儀禮》鉅細無遺地記錄了周代重要禮典，其中〈士冠禮〉是古代正式的成人禮，〈士昏禮〉是夫婦結合的儀式，〈鄉射禮〉則介紹了周代的體育精神，均含有重要文化意義。此外，禮以實踐為本，兩則日常禮儀動畫就說明了古代禮儀精神在現代不同場合的應用。動畫及繪本收錄的禮儀內容，以（北京）清華大學中國經學研究院禮學團隊多年來禮儀復原研究的成果為基礎，內容經過專門翔實的考證，盡可能地還原古禮原貌。同學製作認真，利用生動有趣的手法，重繪傳統禮儀精彩之處。

李洛旻博士

香港都會大學人文社會科學院助理教授

據《禮記．禮運》記載：
「夫禮之初，始諸飲食。」
人類的**禮**，是源於對飲食的需求，對飲食的重視。
祭食，是對創造食物者的尊敬和感謝。
祭祀，則是子孫以食物供奉祖先，**展現孝道**，
祖先又會透過食物降下福祉。

老夫—柑仔作為曾日夜為三餐顛沛流離的貓，
深深明白飲食是如此神聖，我的貓生中，
學習過許多飲食禮儀。

柑仔的故事就從某個
風和日麗的早上開始說起。
家臣家臣，
我可以帶那隻
小貓咪回家嗎？
不可以，
我們趕快回家吧。

柑仔並沒有理會他們，走到附近的屋子找食物，
說：「好香呀！是不是有什麼好吃的呢？」

柑仔跳上牆，看見一個盛大的宴會正在舉行。牠驚訝地說：
「這就是傳說中的燕禮嗎？人類們都在飲酒、跳舞和射箭……
咦！但竟然沒有豐盛的餐點？不管了，跳下去看看吧！」

「找到香味的來源了，原來是從籩豆內傳出！
竹製的籩放了肉乾，青銅製的豆放了肉醬。
那麼就拿下肉乾吧！我抓！！！！！」
豆
籩

「啊！我的尾巴~」
柑仔追著肉乾跑進人群之中。
「不妙了！我的肉乾掉了！
我要把肉乾拿回來」

大人，不如我們先行告辭吧，
雖然現在是「無筭爵」環節，
飲酒數量不限，
但是喝醉還是不合禮節的。
大人，你還沒向客人獻酒，
不可以自己先飲。

大人，飲醉酒都
不可以睡在地上啊！
柑仔跳到牆上，回頭望向變得混亂的燕禮。
「這裡真是太可怕了，還是去下一家找找吧。」

柑仔準備轉身離開，突然聽見一把低沉的聲音呼喚牠：

「小子！偷食物失敗了吧？過來，我知道哪裡有很多食物可以吃。」

呼喚牠的是一隻吃飽喝足的流浪貓。

「不過看來人類並
不喜歡祭祀的食物
被吃掉，所以食物
到手後一定要記得
馬上逃走。」
流浪貓向柑仔介紹說：
「我剛剛闖入了正在進行**祭食**的家中，
聽說那是人類在**進食之前對創造飲食者**
的祭祀。他們在籩和豆之間放下食物卻
不吃，就是我們的好機會啦！」

流浪貓繼續說：「另外想有多點選擇的話，要留意那家人飲食的豐盛程度。人類會依照所用牲肉的多少將食禮分為**大牢**、**少牢**和**特牲**三種等級。」

「**少牢**比大牢少，只有羊和豬。」

「**大牢**意思是完整一牢，有齊牛、**羊**和**豬**，是最豐富的。」

「**特牲**的特是「單」的意思，只有**豬**，是最少的。」

「嗯……前面那一家正在舉行**大牢食禮**，肯定會有大量美食，你去看看吧！」

柑仔照著建議，來到正在舉辦**大牢**食禮那家人的大門前。

五… 六… 還差一個鼎！
賓客全部到齊了，
你們走快點，不好讓他們
等太久！

柑仔沿著氣味來到庭內，在**鼎**旁徘徊探索。

與此同時，負責管理**食禮**的家臣正在教導新來的助手分辨及使用不同器具。

大家聽好了！剛才我們將煮熟了的牲肉等食物從鑊中放進**鼎**內，是完成了**升載之禮**中的「升」。

我們現在要將**鼎**內的肉、魚及腊肉等食物用匕分盛到木製的俎上，完成「**載**」的部分。

你們兩人一組，一個拿著**俎**，一個用**匕**，小心點不要讓食物掉落！

其他人趕快將房間其餘的盛食器具拿出來。

空~
「肉肉別跑！」

柑仔拼命地追到門前，卻被門口的守衛攔截。
望著逐漸離牠而去的食物，牠絕望地大叫道：
「不，我的肉肉！」

被趕走的柑仔垂頭喪氣地打算離開，迷惘之際發現了牆上的洞。牠一躍而上，攀在牆邊俯瞰著整個食禮。

衷心感謝主人親切的款待呢！

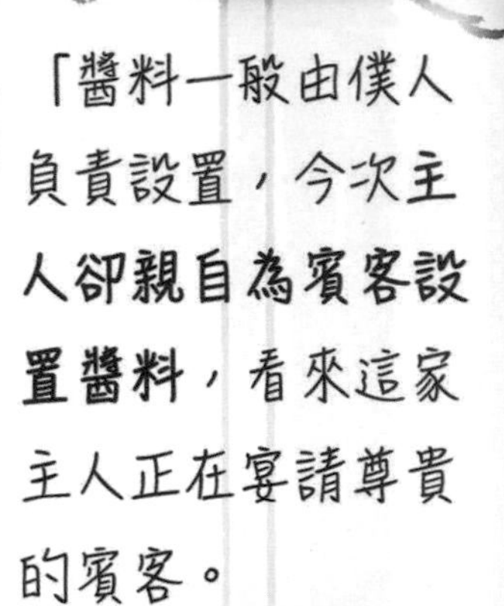
「醬料一般由僕人負責設置，今次主人卻親自為賓客設置醬料，看來這家主人正在宴請尊貴的賓客。

聽其他貓說，即使一國之君都會在
宴請重要來使時為他們親自設醬，
如果我也有這樣被人尊敬的一天就好了……」
*注：錯誤示範，賓客要等待
主人放好醬料之後才上座哦。

餓翻了的柑仔陷入深深的幻想之中，
牠幻想著自己能夠坐擁宴會上的一切的美食。
鐙：盛大羹
鉶：盛羹
肉煲出來的肉汁
簠：盛稻、梁
、米飯

不加鹽菜調味的肉汁
豆：盛肉醬、醃菜
·有汁的肉醬
·帶骨的麋肉、鹿肉醬
·醃過的韭菜、蕪菁菜、水草
簋：盛黍、稷
米飯
鼎：盛肉、內臟、皮脂
·牛羊豬的肉 ·野獸的臘肉
·牲的腸和胃 ·牲的皮和脂
汪

柑仔向下望，發現不知何時窗下擠了一堆流浪狗。

「哇！牠們太可怕了！」
柑仔嚇得拔腿就跑。

柑仔在逃跑之際無意之中闖進了
一家正在祭祀祖先的人家，更不
小心撞到一位正在排隊的小朋友。

牠回過神來，嗅到很香的肉味，就好奇地問小朋友：

「你們在幹甚麼呢？」

小朋友莊重地回答說：「現在是**祭禮**的**獻酒**環節。

我們能透過**獻酒**得到先人給予恩惠，所以必須認真對待。」

小朋友繼續為柑仔介紹**祭祀**的流程：「你看！叔叔他們正在派肉，那些都是先人的恩惠，等**獻酒**和**餕禮**都完成的時候，其他人就可以拿回家吃了！」

柑仔聽見有食物可以吃，興奮地說：「我也要先人的恩惠！」

小朋友看到柑仔表露出濃厚的興趣，
便一把抱起牠，説道：「那麼你跟我
來參加**餕禮**吧！」

柑仔被小朋友抱進一間房間，那裏放置著不同大小的餐飲器具，眾人在等待餕禮開始。房內飄散的香氣令柑仔口水直流。

小朋友向家臣問道：「家臣家臣，請問你為我們今天的**餕禮**安排了什麼食物呢？」

家臣專業地回答：「這些都是剛才供先人享用的食物，有我們的主糧－**黍**。當然也有些香氣撲鼻的**肉汁**和牲的**皮脂**。伴着**黍**一起吃，孩子你一定滿意。」

不經不覺，助手已為在坐的各人設置好食物，小朋友與柑仔也乖乖就坐。經過一整日的奔波，柑仔急不及待準備大吃一頓。
但一把突如其來聲音打斷了柑仔的計劃。
祝
!

柑仔感到很不耐煩，說：「不要再囉嗦了，我很餓！快點讓我吃東西吧！」

小朋友冷靜又溫柔地阻止著柑仔，說：「再忍耐多一會兒吧，『祝』正在教導我們這個禮儀的意義呢！我們吃的每一樣食物，都是祖先所傳下來的恩典。他希望我們緊記所吃的食物都是得來不易的，要好好珍惜啊。」

「我們在進食時也要切記遵守一些飲食的守則。家臣對我們的**飲食禮儀**很有要求的，我們不要令他失望呢！」小朋友耐心地教導柑仔說。

此時家臣正靜靜地站在他們身後，觀察著柑仔的一舉一動。

「要緊記哦，我們在吃東西前要於洗手盆**徹底清潔雙手**。這樣我們就能用乾淨的手吃東西，表示尊重食物之餘，也不會肚子痛。」

「吃東西的時候，雖然肚子可能很餓，也不要吃得太快。要尊重場合，咀嚼食物時也不要發出聲音。」

「開始吃東西時，要先吃擺放在我們較近位置的食物，千萬不要飛象過河啊！」

「還有謹記，當別人給你食物的時候，就算你不喜歡吃，也要嚐一下以示尊重哦！」

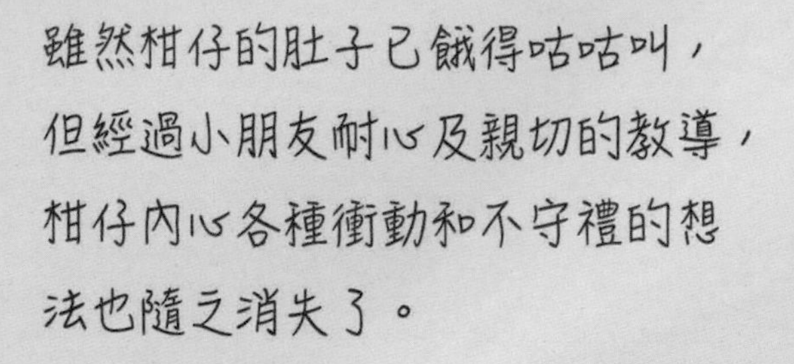

雖然柑仔的肚子已餓得咕咕叫，
但經過小朋友耐心及親切的教導，
柑仔內心各種衝動和不守禮的想
法也隨之消失了。

從小到大流浪街頭，柑仔其實也
希望成為一隻人見人愛的貓咪，
牠努力地跟從小朋友的教導，懷
着感恩的心吃着豐富的一餐。

此時小朋友用酒漱口，並退到了
坐席的後方，**餕禮**也隨之而完結了。

「你現在是要趕我走嗎？
我不想離開這裏......」
「很可怕～」
「咦！是家臣！」
「咦！？」

家臣露出慈祥的樣子說：「看見你這麼努力學習禮儀，真讓人感動，請問你願意留在這個家嗎？」

柑仔感動地點點頭。

小朋友高興地捧起柑仔：

「太好了！從今以後你就和我們一起快樂地生活吧！」

2022/02/22

動畫説明

1.《儀禮．士冠禮》

製作同學：許奕敏、陳子欣、焦韻樂、蔡欣桐

《儀禮》的第一篇是〈士冠禮〉，記載了周代貴族子弟成人禮的完整流程。《儀禮．士冠禮》動畫利用了時空穿越的元素，課堂老師化身超人，帶著故事主角回到周朝觀摩周代的成人禮。動畫重點介紹了〈士冠禮〉的筮日、三次加冠、三套冠服、字冠者、見父母兄弟等環節。同學運用定格動畫（Stop Motion）的技術製作，將動畫分為古代和現代兩個場景。古代分鏡利用了偶動畫（Puppet Animation），現代分鏡則用了拼貼動畫（Cutout Animation）兩種截然不同的動畫技術，展示穿越時空的視覺效果。

2.《儀禮．士昏禮》

製作同學：何漢森、黃靖怡、彭智勇、曹懿心

《儀禮》的第二篇是〈士昏禮〉，記載了周代貴族子弟婚禮的完整流程。男女是人倫之基，婚禮是禮之本，是以古代的婚禮莊嚴簡樸。婚姻「六禮」，

包括納采、問名、納吉、納徵、請期、親迎等禮節，展現男女二家在婚禮前的往來交接，禮節一絲不苟。動畫重點放在婚禮中的親迎環節。由於婚禮是人生大事，男女均會換上比平常更隆重的服裝，稱為「攝盛」。翌日，新婦晨見舅姑一節，具有正式成婦的重要意義，也在動畫最後部分介紹。

3.《儀禮·鄉射禮》

製作同學：吳浚豪、霍嘉謙、梁嘉寶、葉曉童

《儀禮·鄉射禮》記錄了周代士大夫大型射箭比賽的流程和細節，展現了古代的體育精神。故事講述一個愛好槍擊遊戲的少年，性格好勝浮躁，凡事不肯禮讓。一天，他偶然進入了〈鄉射禮〉VR 遊戲中，體驗古代射禮，透過司射及對手的引導，慢慢學懂了君子射箭應有的品格。這一則動畫以電子遊戲切入介紹〈鄉射禮〉，由玩家體驗古代射禮的意義，帶出古代射義：「射者，仁之道也。射求正諸己，己正然後發，發而不中，則不怨勝己者，反求諸己而已矣。」（《禮記·射義》）這個故事在現時全球電競風行的世代，應該頗具吸引力。

4. 中華日常禮儀（學校篇）

製作同學：余喬欣、余慧欣、謝敏恩

「日常禮儀」（學校篇）講述小玲在校園學習禮儀的小故事。小玲是一名沒有禮貌的女孩。有一天，掛在小玲書包上的古裝公主飾物突然化身成精靈，教導她日常應該注重的禮儀，最後小玲成為班上的禮儀大使。在課堂上，小玲學習《禮記．曲禮上》「請業則起，請益則起」，學懂發問時必須起立。在校園內，小玲與同學做手工勞作，學懂了交接尖鋭器物的禮儀，正是《禮記．少儀》所説「凡有刺刃者，以授人則辟刃。」這則動畫所涉及的日常禮儀，均為中華傳統禮儀在應用上的重要課題。

5. 中華日常禮儀（辦公室篇）

製作同學：何禧陶、黃舒廷、余詠賢

「日常禮儀」（辦公室篇）動畫將《禮記》中幾則日常禮儀，以「動物之林」辦公室場景來貫串。角色則分別由企鵝、四腳蛇、烏龜、大象、樹熊、

小兔飾演。辦公室內，或商務企業之間的公務往來，其間禮儀亦必須講究。或比如〈曲禮上〉說「將上堂，聲必揚」，引伸之若進入他人辦公室前，必須先敲門，不得擅自進入。〈少儀〉中說「毋拔來，毋報往」就說明了準時的重要性。遲到固然非禮，比約定時間早到，也會打亂對方的原定計劃，亦屬非禮。〈玉藻〉又說：「非列采，不入公門；振絺綌，不入公門；表裘，不入公門。」在社會上參與不同場合的活動，自有不同裝束的要求。諸如此類，其實都是日常生活所了解的常識，卻又可以從禮書中找到來源，說明這些日常禮儀，古今並無二致。

兒童文學 57　PG2589

禮貓傳：

周代飲食禮儀

編者／香港都會大學人文社會科學院田家炳中華文化中心
繪者／狄巧兒、許奕敏、蔡欣桐、吳嘉希
指導老師／李洛旻、袁耀萍
學術顧問／彭林
責任編輯／姚芳慈
圖文排版／狄巧兒、許奕敏、蔡欣桐、吳嘉希
圖文完稿／周好靜
封面設計／狄巧兒、許奕敏、蔡欣桐、吳嘉希
封面完稿／劉肇昇

出版策劃／秀威少年
香港都會大學人文社會科學院田家炳中華文化中心
製作發行／秀威資訊科技股份有限公司
114 台北市內湖區瑞光路76巷65號1樓
電話：+886-2-2796-3638
傳真：+886-2-2796-1377
服務信箱：service@showwe.com.tw
http://www.showwe.com.tw

郵政劃撥／19563868
戶名：秀威資訊科技股份有限公司
展售門市／國家書店【松江門市】
104 台北市中山區松江路209號1樓
電話：+886-2-2518-0207
傳真：+886-2-2518-0778
網路訂購／秀威網路書店：https://store.showwe.tw
國家網路書店：https://www.govbooks.com.tw
法律顧問／毛國樑　律師

總經銷／聯寶國際文化事業有限公司
地址：221新北市汐止區康寧街169巷27號8樓
電話：+886-2-2695-4083
傳真：+886-2-2695-4087

出版日期／2022年3月　BOD一版　**定價**／420元
ISBN／978-626-95166-4-3

讀者回函卡

秀威少年
SHOWWE YOUNG

國家圖書館出版品預行編目

禮貓傳：周代飲食禮儀 / 香港都會大學人文社會科學院田家炳中華文化中心編；狄巧兒, 許奕敏, 蔡欣桐, 吳嘉希繪. -- 一版. -- 臺北市：秀威少年, 2022.03
面； 公分. -- (兒童文學 ; 57)
BOD版
ISBN 978-626-95166-4-3(精裝)

1.餐飲禮儀 2.周代 3.繪本

532.82　　110020936